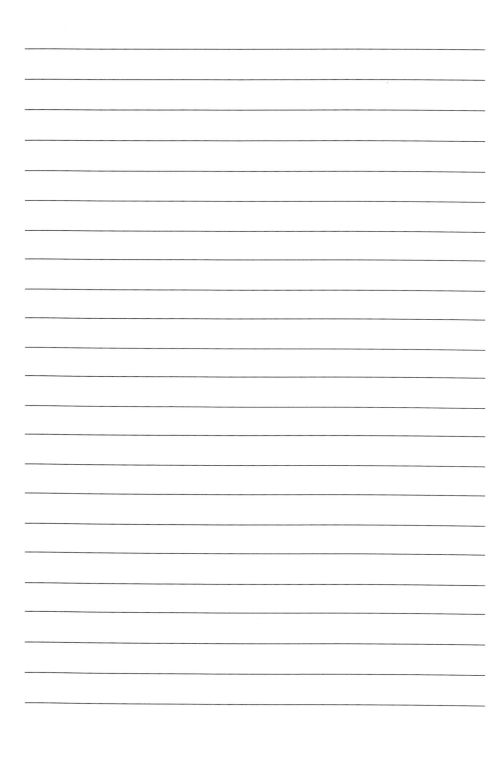

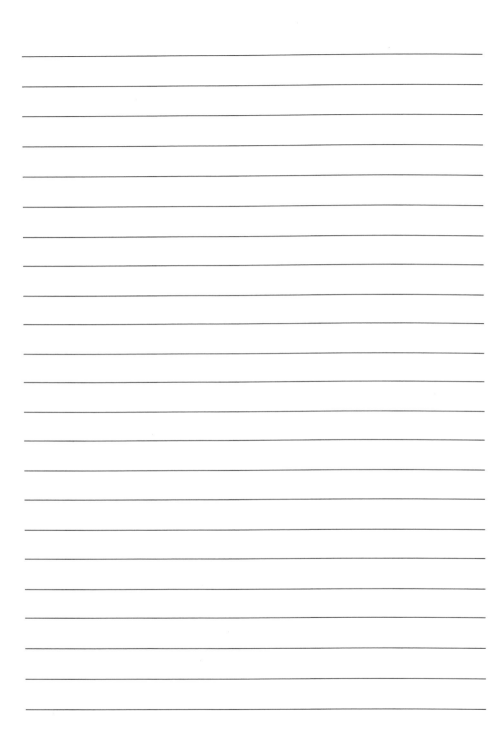

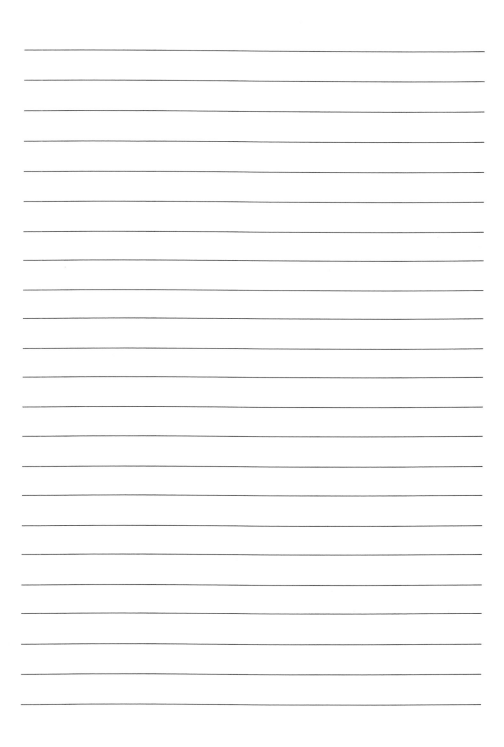

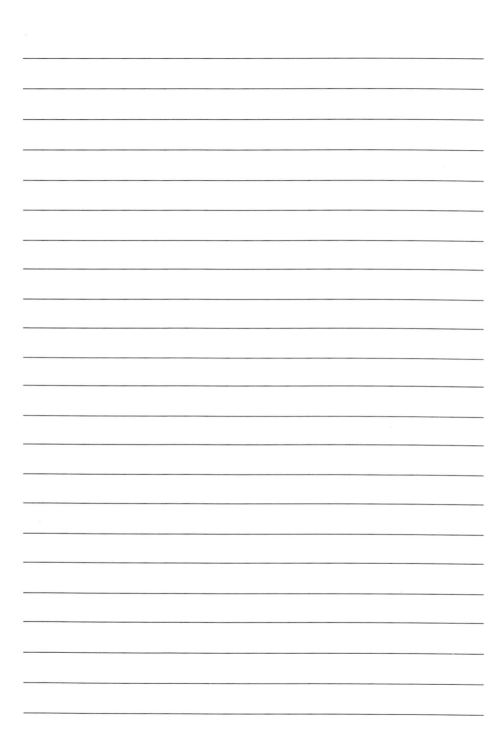

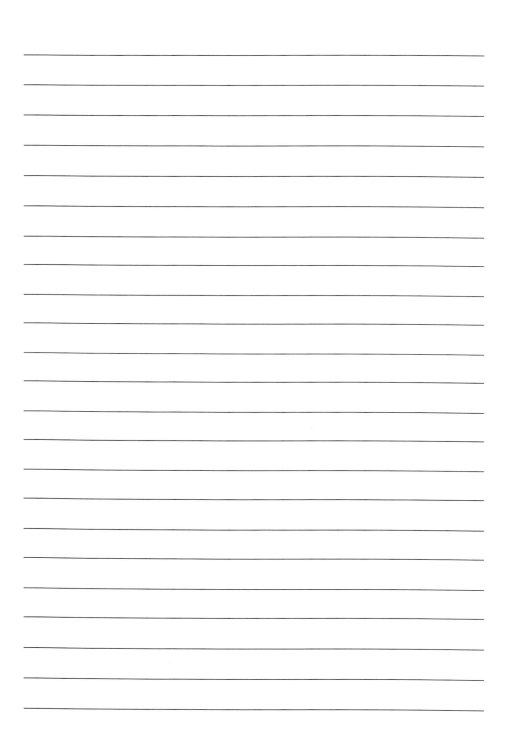

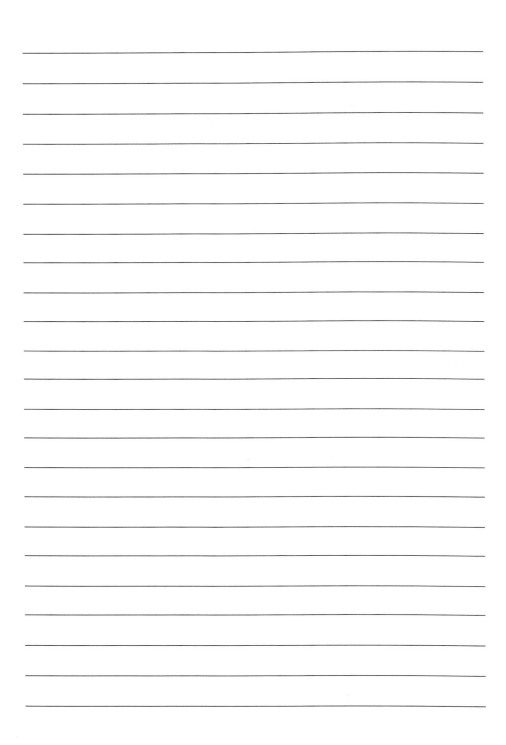

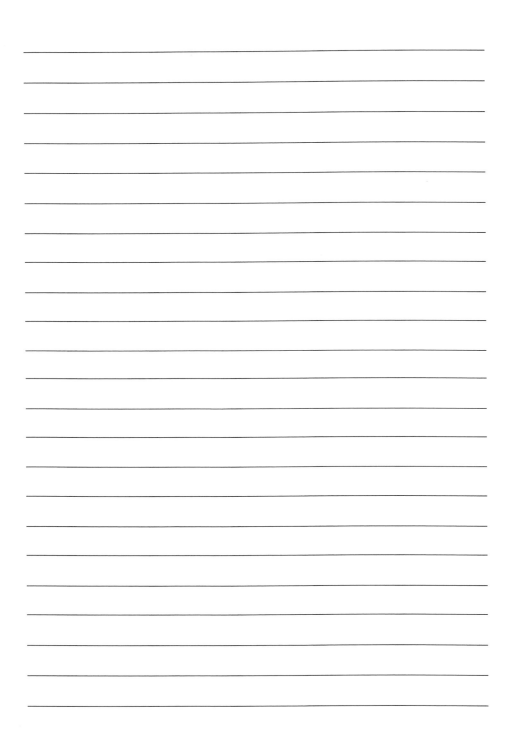

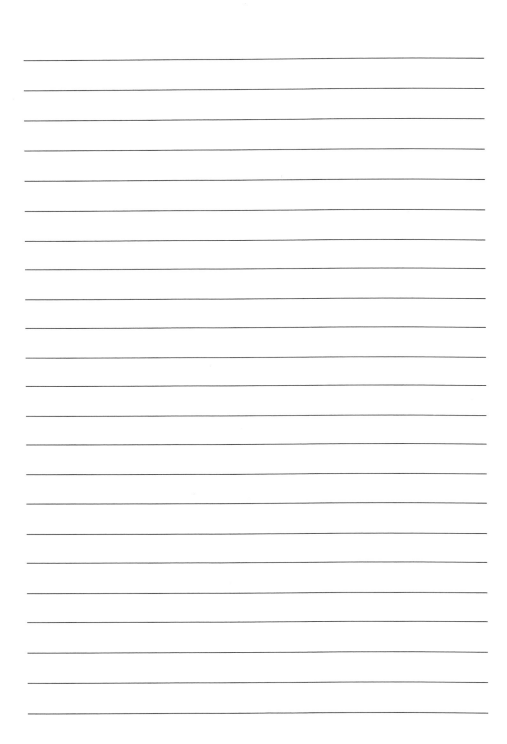

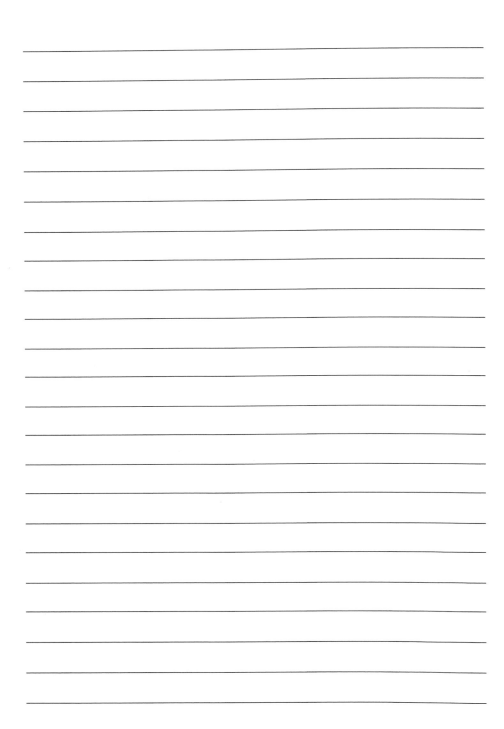

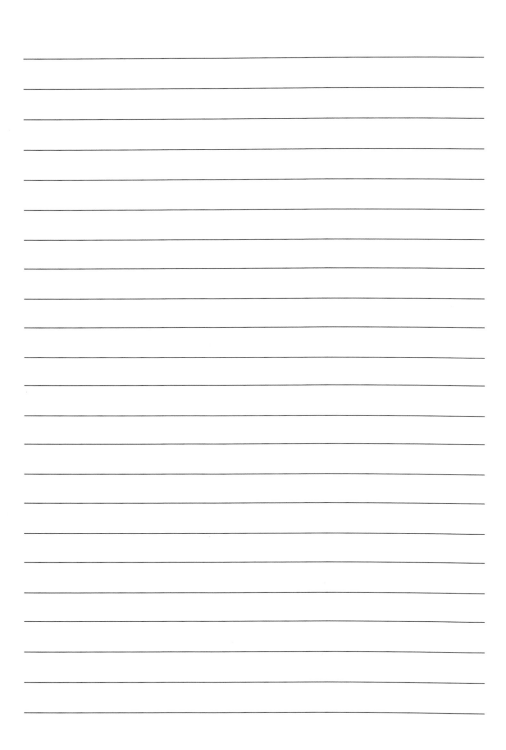

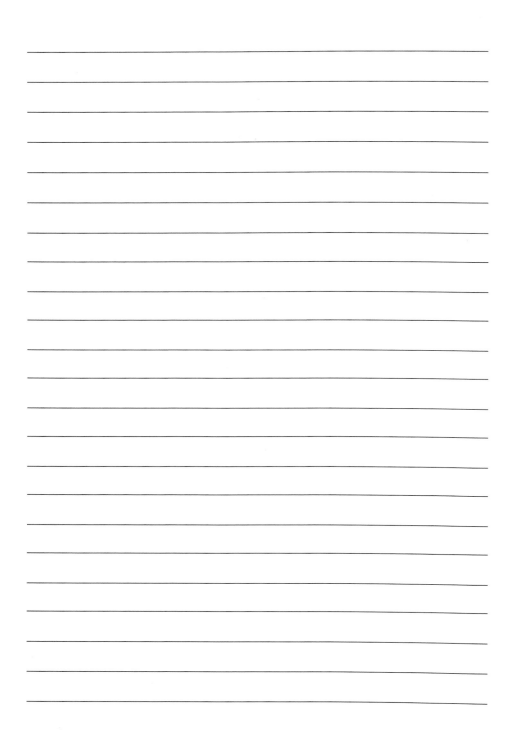

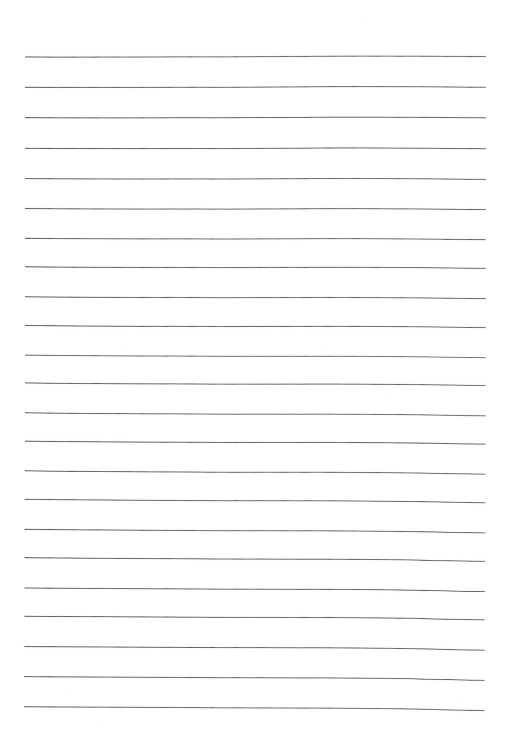

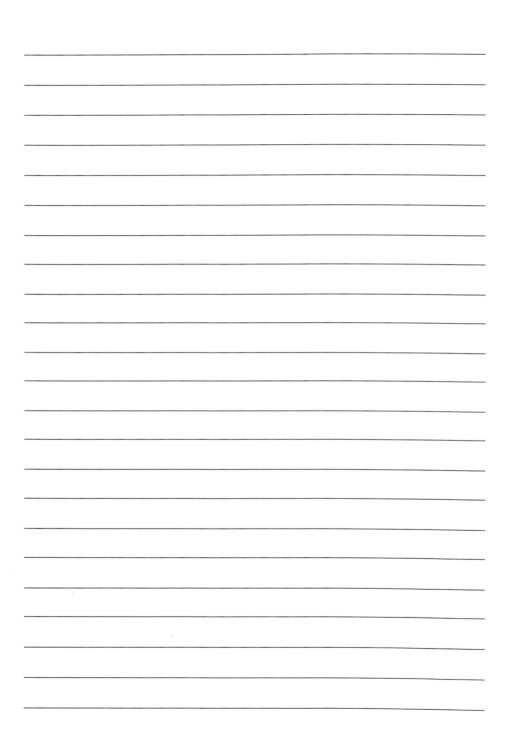

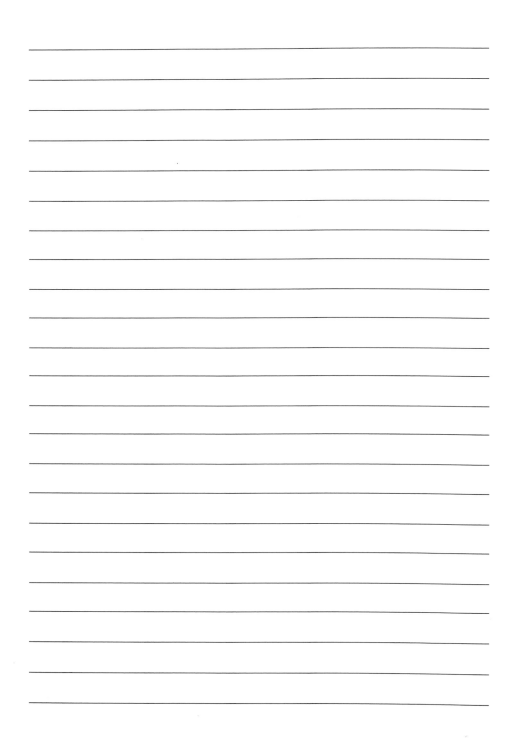

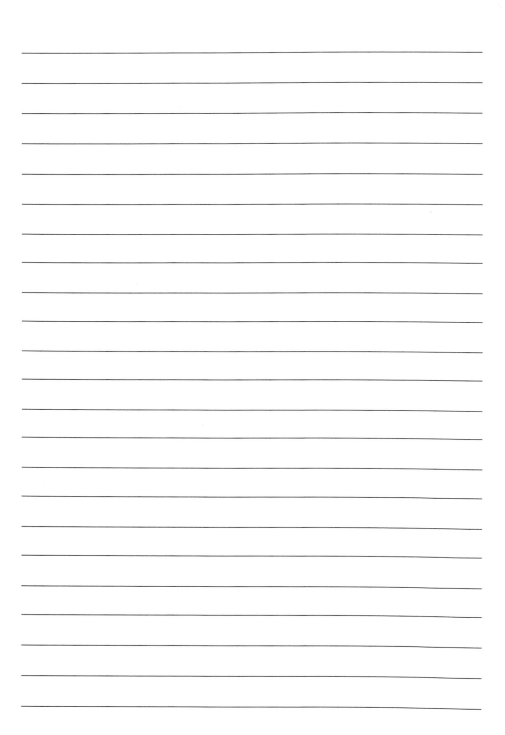

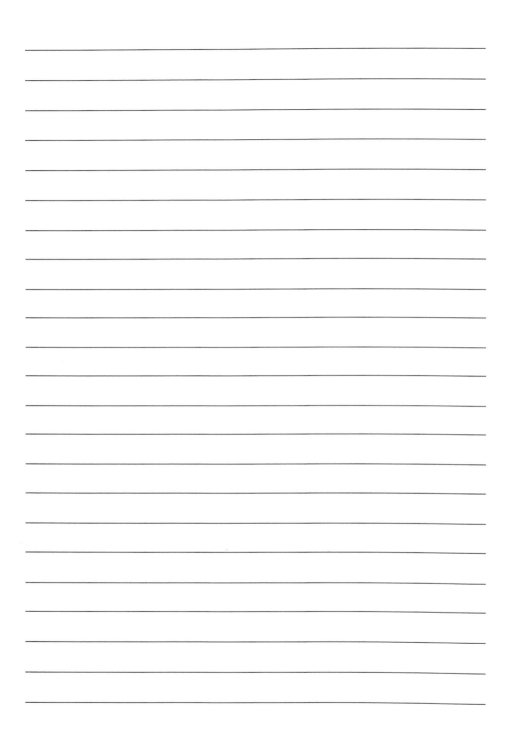

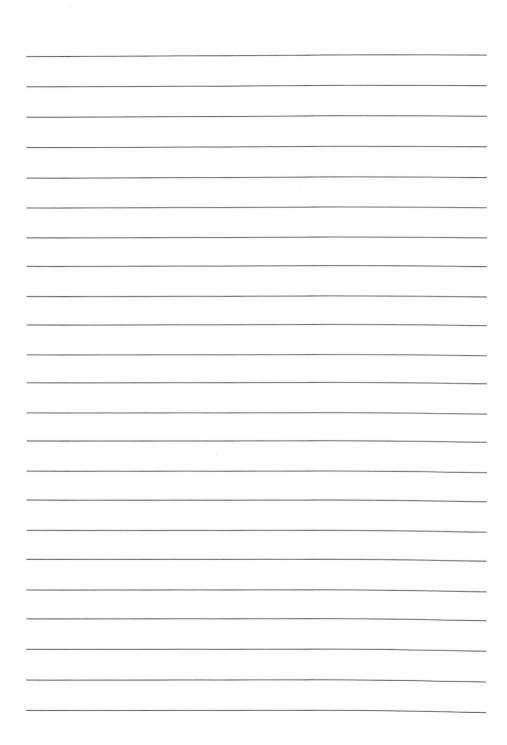

72645125R00062

Made in the USA
Middletown, DE
07 May 2018